Heidrun und Hans H. Röhr

leuchtender herbst

Dekorationen aus der Natur

frec

Von den Autoren sind im frechverlag weitere kreative Bücher erschienen:

TOPP 2051

TOPP 2446

TOPP 2254

TOPP 2608

TOPP 2518

TOPP 2407

Wir danken der Firma Rayher, Laupheim, für die Bereitstellung von Materialien.
Bei meiner Freundin Beatrice möchte ich mich herzlich für ihre Unterstützung bedanken.

Fotos:
frechverlag GmbH + Co. Druck KG, 70499 Stuttgart; Fotostudio Ullrich & Co., Renningen

Dieses Buch enthält:
1 Vorlagenbogen

Auflage:	5.	4.	3.	2.	1.	Letzte Zahlen
Jahr:	2004	2003	2002	2001	2000	maßgebend

frechverlag GmbH + Co. Druck KG, 70499 Stuttgart

ISBN 3-7724-2642-5 · Best.-Nr. 2642
Druck: frechverlag GmbH + Co. Druck KG, 70499 Stuttgart

Die Hitze des Sommers läßt nach, das Licht wird weicher, goldener, die Sonne geht früher unter und die Abende werden länger. Die Felder sind abgemäht, jetzt wird in Gärten und von den Bäumen geerntet. Der Sommer klingt aus, der Herbst ist da!

Der Herbst ist eine Jahreszeit der Fülle: Früchte sind reif und werden gesammelt und die Blätter tragen schönste Farben.
Wir können diese Zeit des Überflusses nutzen und mit aufgelesenen Blättern, Kastanien, Moos, Stroh und vielen Zweigen und Früchten wunderschöne Dekorationen anfertigen. Mit ihnen werden Räume geschmückt und Feste über Halloween bis zum Martinstag umrahmt.
Lassen Sie sich zum Sammeln anstecken und zum Basteln anregen!

Viel Freude wünschen Ihnen dabei

Heidrun Röber Höhl

arbeits-hinweise

Alle Vorlagen für die vorgestellten Arbeiten finden Sie in Originalgröße auf dem Vorlagenbogen. Meistens fertigen Sie von dem gewünschten Motiv zunächst eine Schablone an. Dazu wird das entsprechende Motiv vom Vorlagenbogen fotokopiert und flächig auf einen dünnen Karton geklebt. Beim Fotokopieren können Sie die Größe der Motive nach Ihren Vorstellungen verändern.
Sie können die einzelnen Teile auch mit Transparentpapier abpausen oder mit Kohlepapier direkt auf den Karton übertragen.
Anschließend wird die Schablone sauber ausgeschnitten. Ein Objekt (oder eine ganze Serie) lässt sich damit leicht herstellen: Sie legen die Schablone auf das gewünschte Material und umfahren ihren Rand mit einem gut gespitzten Bleistift (senkrecht halten!). Anschließend werden die Teile ausgeschnitten.

Beschreibung Seite 20

Für alle Papierarbeiten brauchen Sie eine gute Schere.
Für stark gekrümmte Schnitte eignet sich eine Nagelschere. Lange, gerade Schnitte führen Sie am besten mit Lineal und einem Cutter (Messer mit Abbrechklinge) auf einer breiten Kartonunterlage oder einer speziellen Cuttermatte aus. Wenn Sie eine Doppelkarte herstellen, ritzen Sie den Falz vor dem Falten auf der Rückseite mit Lineal und z.B. einem Besteckmesser leicht ein.

Für alle Arbeiten brauchen Sie einen guten Klebstoff (z.B. UHU Alleskleber tropffrei) und für einige Objekte Heißkleber aus einer Klebepistole. Für Klebungen mit Abstand sind Foto-Klebepads oder kleine, beidseitig verklebte Stücke aus breiter Wellpappe gut geeignet.

Alle Materialangaben sind als Vorschläge und Anregungen gedacht. Die Bastelarbeiten gelingen genauso gut, wenn Sie Teile oder Farben abwandeln. Beim Einkauf von Papier, Bändern, Deko-Teilen etc. sollten Sie flexibel und kreativ sein und sich von den im Fachhandel angebotenen Materialien inspirieren lassen.

kartoffeln auf den tisch!

Beschreibung Seite 6

Kartoffeln auf den Tisch!

Abbildung Seite 5

Säckchen als Tischkarte

- Jute in Grün, ca. 16 cm x 10 cm
- Dünne Kordel in Grün, ca. 50 cm lang
- Tonkarton in Rot, 2 cm x 4 cm
- Grünes Seidenpapier (zum Füllen)
- 1 kleine Kartoffel (roh)
- 3 kleine, frische, rote Peperoni (Chillis)
- Goldstift, fein
- Zackenschere
- Lochzange
- Evtl. Nähmaschine oder Alleskleber

Säckchen zusammennähen (oder kleben), unten mit grünem Seidenpapier ausstopfen, die kleine Kartoffel hineinlegen und mit Kordel zubinden, dabei Peperoni mit einknoten. Tischkarte beschriften, mit Zackenschere ausschneiden, lochen und am Kordelende festknoten.

Tisch-Girlande

Für 50 cm:

- 15 Stängel Hafer
- 3 kleine Kartoffeln (roh)
- 9 kleine, frische, rote Peperoni (Chillis)
- Satinband in Grün, 0,5 cm breit, ca. 70 cm lang
- Juteband in Grün, 8 cm breit, Länge je nach Tischgröße

Abwechselnd Peperoni, Haferbündel und Kartoffeln an das Satinband knoten und auf das Juteband legen.

Kerzenständer

- 1 große Kartoffel (roh)
- 3 kleine, frische, rote Peperoni (Chillis)
- Lange, dünne Kerze in Rot
- Juteband in Grün, 8 cm breit, 12 cm lang
- Satinband in Grün, 0,5 cm breit, ca. 20 cm lang
- Elektrische Bohrmaschine mit Bohrer im Durchmesser der Kerze (alternativ: Messer zum Ausstechen eines Apfel-Kerngehäuses)

Kartoffel flach hinlegen, mit Bohrmaschine senkrecht Loch für Kerze bohren (oder ausstechen), Kerze einstecken, das Satinband um das Juteband zu einer Schleife zusammenziehen, die Peperoni mit einknoten und dann um die Kerze herum festknoten.

Kürbis mit Blumenschmuck

Abbildung Seite 7

- Kürbis in Grün, ø ca. 25 cm
- Blumen in herbstlichen Farben
- Blätter und Zweige
- Früchte nach Wahl (z.B. Hagebutten, Hypericum, Schneebeeren, kleine Chrysanthemen)
- Langes Brotmesser mit Wellenschliff
- Steckmasse
- 2 Zahnstocher

Kürbisdeckel abschneiden, Unterteil passend aushöhlen und mit nasser Steckmasse füllen. Zahnstocher in den Rand des Unterteils stecken, Deckel so aufsetzen, dass er teilweise offen steht, dann Blumen, Zweige und Früchte einstecken.

bordeaux – Farbe des herbstes

Kerzenständer

- Tontöpfchen, ø ca. 5 cm
- Kerze in Bordeaux
- Steckmasse
- Je ein Stängel Weißdorn, Efeu, Fetthenne, Liguster, Schneeball

Kerze in Tontöpfchen stellen, mit nasser Steckmasse ringsherum ausstopfen und mit den Pflanzen verzieren.

Einladungskarte (oder Menükarte)

- Schöpfpapier in Natur, ca. 25 cm x 17 cm
- Kordel in Bordeaux, ca. 0,2 cm breit, 25 cm lang
- Kordel in Bordeaux, ca. 0,5 cm breit, 70 cm lang
- Rupfenband in Bordeaux, ca. 4 cm breit, 17 cm lang
- Je ein Stängel Weißdorn, Efeu, Fetthenne, Liguster, Schneeball
- Golddraht
- Wellenschere

Schöpfpapier der Breite nach falzen, vom Deckblatt mit Wellenschere ca. 1,5 cm am rechten Rand abschneiden und mit dem Rupfenband hinterkleben. Ein Pflanzenbündel mit Golddraht zusammenbinden, mit dünner Kordel um-

schlingen und mit breiterer Kordel an Karte anbringen (s. Abbildung).

TIPP: „Einladung" oder „Menü" mit Goldstift auf ein passendes Schild aus Tonpapier in Bordeaux schreiben und mit Klebepads auf die Karte setzen!

Tischkarte

- Tontöpfchen, ø ca. 4 cm
- Tonkarton in Bordeaux, 5 cm x 3 cm
- Je ein Stängel Weißdorn, Efeu, Fetthenne, Liguster, Schneeball
- Steckmasse
- Kordel in Bordeaux, ca. 0,2 cm breit, 25 cm lang
- Golddraht
- Goldstift, fein
- Wellenschere
- Foto-Klebepads

Ein Pflanzenbündel mit Golddraht zusammenbinden und mit der Kordel umschlingen, in mit nasser Steckmasse ausgelegtes Töpfchen stellen.
Karte beschriften, mit Wellenschere ausschneiden und an Kordelenden mit Klebepads befestigen.

Kranz

- Zwei Tontöpfchen, ø ca. 2,5 cm
- Heukranz, ø ca. 21 cm
- Je ein Stängel Weißdorn, Efeu, Fetthenne, Liguster, Schneeball
- Rupfenband in Bordeaux, ca. 4 cm breit, 1 m lang
- Kordel in Bordeaux, ca. 0,5 cm breit, 1 m lang
- Zierdraht in Grün
- Zange
- Heißkleber

Ca. sieben Pflanzenbündel mit Draht umwickeln und auf dem Kranz festbinden, Ansatz mit Schleife aus Rupfenband (ca. 50 cm) verdecken. Das restliche Rupfenband gegenüber der Schleife als Aufhängung anbringen. Unter der Schleife die Kordel festknoten, an den Enden die Tontöpfchen festknoten, mit Heißkleber sichern.

Strauß

Verwenden Sie die oben angeführten Pflanzen und zusätzlich dekorative Blätter und z. B. Hortensien und Chrysanthemen in Bordeaux. Natürlich können Sie den Strauß auch vom Floristen binden lassen.

hagebutten & kastanien

Abbildung Seite 11

Girlande

- Bemooster Ast
- Kastanienblatt
- Satinband in Rot, ca. 5 mm breit, 2 m lang
- Golddraht und Nadel
- Viele Hagebutten
- Kastanien
- Stücke der stachligen Kastanienschalen
- Flower-Hair
- 1 bis 2 Päckchen Goldperlen, ø 3 mm
- Elektrische Bohrmaschine mit Bohrer, ø 3 mm

Entweder verwenden Sie einen gefundenen, bemoosten Ast oder Sie wickeln das Moos mit Golddraht um den Ast. Schneiden Sie den Golddraht für die Dekoration so lang zu, dass er sich noch problemlos am Ast befestigen läßt. Für 50 cm Girlande fädeln Sie ca. 30 Hagebutten zusammen mit 30 bis 40 Goldperlen mithilfe einer Nadel auf den Draht. Die Kastanien werden mit kleinen Bohrungen versehen und dann abwechselnd mit Perlen und Schalenstücken auf Draht gezogen. Abschließend etwas Flower-Hair um die Kastanien schlingen. Satinband als Aufhängung

Jochen
Steffi

anknoten, Blatt in Band einstecken.

Leuchter

- Mooskranz (Fertigteil, ø außen ca. 8 cm) (alternativ: Styroporring mit Moos umwickelt, fixiert mit Draht)
- Effektdraht in Gold
- Flower-Hair
- Heißkleber
- Gartenschere

Je drei Hagebutten (Stiellänge ca. 2 cm) mit Draht bündeln und mit Draht am Kranz befestigen. Am Schluss in die verbliebenen Zwischenräume mit Heißkleber weitere Hagebutten setzen.

TIPP: Besonders festlich wirkt ein so geschmückter Leuchter, wenn Sie Flower-Hair locker um den Kranz schlingen.

Tischdekoration

Die Tischdekoration besteht aus herbstlich gefärbten Blättern von Kastanie oder Ahorn, ergänzt durch Moos und einige Kastanien. Für Tischkarten können Sie mit einem feinen Gold-Pen den Namen auf eine Kastanie (in ihrer stacheligen Schale) schreiben oder Sie beschriften ein schön gefärbtes Blatt.

herbstzeit – drachenzeit

Abbildung Seite 13

Korb

- Weidenkorb, ø ca. 50 cm
- Rupfen, ca. 1 m x 1 m (oder Kartoffelsack)
- Rupfenband in Natur
- Großer Kürbis in Orange
- Lampionblüten
- Einige Kolben Ziermais
- Walnüsse
- Kleine, grüne Deko-Äpfel
- Kleine, grüne Kürbisse
- Birnen
- Weizenbündel
- Zweige mit Blättern und Beeren (z.B. Feuerdorn)

Weizenbündel mit Rupfenband umwickeln, Schleife binden. Korb mit Rupfen auslegen, Früchte arrangieren und Drachen durch das Getreidebündel einstecken.

Drachen

- Fotokarton in Orange, ca. 23 cm x 30 cm
- Transparentpapier in Orange, ca. 25 cm x 32 cm
- 2 Wackelaugen, ø 2,5 cm
- Blumendraht, ca. 30 cm lang
- Jutekordel in Orange, ca. 1,5 m lang
- Jute-Gitterband, 4 cm breit, ca. 2 m lang
- Klebestift
- Heißkleber

Drachen, Mund, Augenbrauen aus Fotokarton ausschneiden. Drachen mit Transparentpapier überziehen, einen Rand von 1 cm auf die Rückseite umschlagen, dort festkleben. Wackelaugen, Augenbrauen und Mund ankleben.
Drei Stücke von je 6 cm Länge aus dem Jute-Gitterband zu Schleifen legen, mit Jutekordel zubinden und mit Heißkleber am Drachen fixieren. Sechs Schleifen aus je 8 cm Juteband mit ca. 8 cm Abstand voneinander an die Kordel knüpfen.
Drachenschwanz und Draht (zum Einstecken) mit Heißkleber auf der Rückseite des Drachens festkleben.

tisch mit erika

Herz

- Blumen-Steckdraht, ø ca. 1-1,5 mm, 30 cm lang
- Effektdraht in Grün
- Satinband in Erika, ca. 1 cm breit, 30 cm lang
- Erikazweige
- Spitzzange

Aus dem Steckdraht nach Muster ein Herz biegen, die Enden mithilfe der Zange umeinander schlingen. Jeweils drei ca. 3 cm lange Blütenspitzen Erika bündeln und mit dem dünnen Draht auf das Herz binden. Das Herz wird umso üppiger, je mehr Blüten Sie pro Bündel ansetzen und je dichter Sie diese binden.
Aus dem Satinband eine Schleife binden und mit Draht auf dem Herz fixieren.

Kerzenring

- Drahtring, ø ca. 6 cm (Fertigteil oder aus Steckdraht selbst gebogen)
- Effektdraht in Grün
- Erikazweige
- Spitzzange

Vorgehen siehe Herz.

Tischkarte

- Tischkarte in Weiß, ca. 10 cm x 4,5 cm (Fertigteil)
- Japanseide in Pink, ca. 5 cm x 5 cm
- Satinband in Erika, ca. 1 cm breit, 15 cm lang
- Erikazweig
- Klebestift
- Silberstift, fein

Ein kleines Stück Japanseide ausreißen und mit Klebestift auf die Karte kleben. Aus dem Satinband eine Schleife legen und zusammen mit dem Erikazweig mit Klebstoff auf die Karte setzen. Karte mit Silberstift beschriften.

Serviettenring

- Silberdraht, ca. 30 cm lang
- Ca. 15 Wachsperlen in Weiß irisierend, ø 6 mm
- Ca. 25 Wachsoliven, 6 mm x 3 mm

Perlen und Oliven in unregelmäßiger Folge auf den Draht fädeln, Draht zu Doppelring formen, Enden fest miteinander verschlingen, evtl. noch einige kleine Blätter einstecken.

TIPP: Sie können die Serviettenringe beliebig breit gestalten, wenn Sie den Draht entsprechend verlängern!

kerzen-leuchter mit kranz-schmuck

Beschreibung Seite 18

windlicht in orange

Beschreibung Seite 18/19

kerzenleuchter mit kranzschmuck

Abbildung Seite 16

- Kerzenleuchter aus Draht (30 cm hoch, mit 5 Ösen zum Aufhängen des Kranzes)
- Rebenzweig-Strang, mindestens 50 cm lang (Fertigteil)
- 7 Lampionblüten
- Zweige mit Blättern und roten Beeren (z.B. Feuerdorn)
- Lavendelzweige mit Blüten
- Silberdraht
- Organzaband in Orange, ca. 4 cm breit, 2,5 m lang
- Heißkleber
- Gartenschere

Alle Abmessungen müssen an Ihren Leuchter angepasst werden!

TIPP: Falls Ihr Leuchter keine Ösen hat, befestigen Sie die Bänder an einem Drahtring passender Größe!

Aus dem Rebenzweig einen Kranz von ca. 17 cm Durchmesser formen und mit Draht fixieren. 10 kleine Bündel aus Lavendelzweigen binden, Stiele der roten Beeren passend zurechtschneiden. Eine lange Kette herstellen, indem Sie einen etwa 1,5 m langen Draht immer im Abstand von etwa 5 cm um Lavendelbündel, Lampionblüten und Beeren schlingen.
Die Kette locker um den Rebenkranz wickeln, bei Bedarf können einzelne Bündel mit zusätzlichen Blüten nachgebessert werden (mit Heißkleber).
Den fertigen Kranz mit fünf Bändern von je etwa 0,5 m Länge am Kerzenständer aufhängen, dabei am Leuchter kleine Schleifen binden.
Ein Beerenbündel oder einen Kranz mit Draht an der Kerze befestigen.

windlicht in orange

Abbildung Seite 17

- Windlicht, ø ca. 17 cm, ca. 17 cm hoch
- Kerze in Orange, ca. 13 cm hoch
- Viele Lampionblüten
- Organzaband in Orange, 4 cm breit, ca. 1 m lang
- Juteband in Orange, 3,5 cm breit, ca. 1 m lang
- 1 bis 2 Beutel Rocailles in Orange, ø 2 mm
- Golddraht

Die Kerze in das Glas stellen und mit beliebig vielen Lampionblüten auffüllen. Organzaband um das Glas legen und festknoten, das Juteband zu einer Schleife legen und mit dem Organzaband fixieren.
Auf einen langen Golddraht Perlen fädeln, um das Glas schlingen und verknoten (Enden unter die Schleife stecken).
Für die Girlanden Lampionblüten in passendem Abstand mit einem genügend langen Golddraht umschlingen.

igel im herbstwald

- 3 Deko-Igel in Grün, Gelb und Braun
- Verschiedene Deko-Pilze
- Weidenkörbchen, ø ca. 10 cm
- Glas-Teelichter mit farblich passenden Kerzen
- Rupfen (ca. 1 m x 1 m) oder Mehlsack
- Moos
- Hagebutten
- Herbstblätter
- Kastanien
- Holzstücke
- Baumrinde

Alles wird auf dem Rupfen bunt gemischt arrangiert. Diese Dekoration eignet sich als Tisch- oder Raumschmuck.

Achtung: *Achten Sie auf genügend Abstand, wenn Sie die Kerzen anzünden!*

igelkörbchen

Igel

- TERRAKOTTA-TON (von Hobbidee®) in Braun
- TERRAKOTTA-PEN (von Hobbidee®) in Schwarz (6 mm breit) und Braun (15 mm breit)
- 2 Zahnstocher
- Wellholz
- Kunststoff-Brett
- Wasser
- Küchenmesser

Für den Igel eine Schablone gemäß Vorlagenbogen anfertigen.
Ton geschmeidig kneten, ca. 5 mm stark auswellen (auf Brett), Schablone auflegen, Form mit Küchenmesser ausschneiden. Mit nassen Fingern alle Ränder glätten, Zahnstocher unten einstecken, mind. einen Tag trocknen lassen, dann Igel mit TERRAKOTTA-PEN bemalen.

Körbchen

- Weidenkorb, ø ca. 20 cm
- Tontöpfchen, ø ca. 2,5 cm
- Bast in Braun
- Deko-Pilz
- Moos
- Blätter
- Hagebuttenbündel

Weidenkorb mit Moos, Blättern usw. füllen, Igel einstecken, mit üppiger Bastschleife verzieren.

Kerzen

(siehe auch Seite 4)

- Tontöpfchen, ø ca. 3,5 cm und 4,5 cm (ohne Loch im Boden)
- Wachs in Bordeaux
- Bast in Braun, ca. 1 m
- Gewachster Kerzendocht
- Konservendose
- Wasserbad
- Moos
- Hagebutten

Wachs in Wasserbad vorsichtig schmelzen, in die Tontöpfchen gießen, etwas erkalten lassen, dann Docht einstecken (evtl. mit Stricknadel vorlochen). Töpfchen mit Bastschleife, etwas Moos und Hagebutte verzieren.

Kürbis-Burg

- Großer Kürbis in Orange, ø mindestens 25 cm
- Wasserlöslicher Filzstift zum Vormalen
- Bastelkarton in Schwarz, ca. 20 cm x 10 cm
- Bastelkarton in Weiß, ca. 30 cm x 20 cm
- Draht in Schwarz, ø 0,8 mm, 25 cm lang
- Filzstift in Schwarz
- Windowcolor in Schwarz oder Orange (für Fledermaus-Augen)
- Viele Teelichter
- Klebefilm
- Großes Messer mit Wellenschliff
- Küchenmesser
- Löffel mit scharfem Rand (zum Aushöhlen)

Umrisse der Burg gemäß Abbildung mit wasserlöslichem Stift aufmalen (nach dem Ausschneiden abwischen), Deckel abschneiden und Kürbis aushöhlen. Umriss der Burg, Fenster und Türen ausschneiden.
Gespenster und Fledermäuse aus Bastelkarton gemäß Vorlage ausschneiden und bemalen. Draht auf der Rückseite mit Klebefilm anbringen und in Kürbis stecken.
Auf den Boden des Kürbisses viele Teelichter stellen.

Dose

- Spandose, ø ca. 20 cm
- Bastellack in Orange, glänzend und Pinsel
- Kokos-Schöpfpapier in Schwarz, ø 18 cm und ca. 20 cm x 10 cm
- Glanzkarton in Gold, ø 13,5 cm
- Tonpapier in Schwarz und Orange, je ca. 4 cm x 4 cm
- 1 Blatt Seidenpapier in Orange
- Papierkordel in Schwarz, ca. 60 cm
- Deko-Besen und Faden in Orange

Spandose mit Lack bemalen, trocknen lassen, dann schwarzen und goldenen Kreis aufkleben. Papierkordel um den schwarzen Kreis legen und mit Klebstoff fixieren.
Hut und Mantel der Hexe aus Kokos-Schöpfpapier, Gesicht aus orangefarbenem Tonpapier ausschneiden, Mund, Augen und Nase mit Cutter heraustrennen, mit schwarzem Tonpapier hinterkleben. Besen mit orangefarbenem Faden umwickeln, Mantel unten einschlitzen, Besen einstecken und Hexe auf Dose kleben. Dose mit orangefarbenem Seidenpapier auslegen.

TIPP: Sie können die Dose füllen und verschenken; sie wirkt aber auch sehr schön als Tischdekoration, gefüllt mit gruselig schwarzem Lakritz ...

Einladungs- und Tischkarte

- Doppelkarte in Orange, ca. 18 cm x 10,5 cm (Fertigteil)
- Tischkarte in Orange, ca. 10 cm x 4,5 cm (Fertigteil)
- Tonpapier in Orange, ca. 3,5 cm x 2 cm bzw. 7,5 x 2 cm (beschriftet mit Computer oder Filzstift)
- Glanzkarton in Gold, ø 5,5 cm bzw. 4,5 cm
- Moon Rock-Papier in Orange, ca. 10 cm x 10 cm
- Bastelkarton in Schwarz, 6 cm x 3,5 cm
- Windowcolor in Schwarz oder Orange (für die Augen)
- Klebepads

Fledermaus gemäß Vorlage ausschneiden, Augen mit Windowcolor aufmalen. Moon Rock in Stücke von ca. 10 cm x 10 cm bzw. 8 cm x 5 cm reißen, aufkleben und darauf beschriftete Schildchen anbringen.

TIPP: Statt der Fledermaus können Sie auch Gespenster oder Hexen verwenden.

halloween-Fenster

- Malfolie
- Konturenfarbe in Silber
- Nachtleuchtendes Windowcolor in Schwarz und Orange
- Windowcolor in Gold
- Deko-Besen, ca. 12 cm lang

Zum Malen mit Windowcolor siehe S. 26. Trockenes Motiv einschneiden und Besen einstecken

gänse-reigen

- Heu-Kranz in Grün, ø ca. 25 cm (oder Stroh-Kranz)
- TERRAKOTTA-TON (von Hobbidee®) in Weiß
- TERRAKOTTA-PEN (von Hobbidee®) in Schwarz und Orange (6 mm breit)
- 2 Ausstechformen für Gänse, ca. 8 cm x 7 cm und 5 cm x 5 cm
- Bast in Orange
- Kürbis, ø ca. 10 cm
- Federn in Weiß
- Heißkleber
- Wellholz
- Kunststoff-Brett
- Wasser
- Küchenmesser

Ton geschmeidig kneten, ca. 5 mm stark auswellen (auf Brett), gewünschte Anzahl Gänse ausstechen. (Alternativ: Zwei Schablonen gemäß Vorlagenbogen anfertigen, auflegen, Form mit Küchenmesser ausschneiden). Mit nassen Fingern alle Ränder glätten. Mindestens einen Tag trocknen lassen, dann mit TERRAKOTTA-PEN bemalen. Schleifen anbringen,

Gänse mit Heißkleber auf Kranz befestigen. Vier Bänder von je ca. 60 cm Länge zuschneiden, drei davon in gleichen Abständen um Kranz knoten. Ein Band an Kürbis knoten (mit Heißkleber sichern), weiße Federn einknoten, zusammen mit anderen Bändern oben zusammenknoten.

windlicht

- Windlicht, ø ca. 11 cm, ca. 25 cm hoch
- Malfolie
- Windowcolor in Weiß, Orange und Schwarz
- Kleine Deko-Äpfel in Grün, ca. 10 Stück
- Deko-Heuballen in Grün, ca. 8 cm lang
- 10 Hafer-Halme
- Zinkeimer, ca. 5 cm hoch, gefüllt mit Sand oder Körnern
- Seidenband in Grün, ca. 4 cm breit, 20 cm lang
- Seidenband in Grün, ca. 0,5 cm breit, 20 cm lang
- Grünes Band mit Karos, ca. 1 cm breit, 10 cm lang
- Runde Kerze in Grün
- Foto-Klebepads

Alle Teile werden gemäß der Vorlage im bzw. am Glas arrangiert.

gänse mit efeuranke

- Malfolie
- Windowcolor in Weiß, Orange, Braun, Schwarz und Grün
- Grünes Band mit Karos, ca. 1 cm breit, 10 cm lang
- Foto-Klebepads

Die Muster vom Vorlagenbogen direkt unter eine transparente Folie legen und Motive aufmalen. Wenn Sie Konturen anbringen wollen, diese zuerst aufmalen und für ca. 2 bis 3 Stunden trocknen lassen. Dann das Motiv bis an die Kontur ausmalen. Ein satter Auftrag der Farben trocknet in ca. 24 Stunden; erst dann können Sie die nächsten Farben (z. B. für Augen) anbringen. Ist das Motiv vollständig getrocknet, Bild von der Folie lösen und auf allen glatten Flächen anbringen. Wenn sich die Motive nicht leicht von der Folie ablösen lassen, diese einfach samt Folie ausschneiden und arrangieren.
Die kleinen Schleifen mit Foto-Klebepad auf den Hals der Gänse kleben.

allerlei gänse

Strohgans

- Stabile Pappe, ca. 35 cm x 35 cm
- Stroh
- Ca. 33 m fester Nähfaden (z. B. Knopflochgarn oder Zwirn) in Strohgelb oder Beige
- 2 Halbperlen in Schwarz, ø ca. 1 cm
- Stabiler Draht (z. B. Schweißdraht, Blumensteckdraht) oder Holzstab, ca. 25 cm lang (zum Aufstellen)
- Kariertes Band in Orange-Weiß, ca. 2 cm breit, 40 cm lang
- Zinkeimer, ø 16 cm, gefüllt mit Sand und kleinen Kürbissen
- Heißkleber
- Schere

Muster für Gans auf Pappe übertragen und ausschneiden.
Aus langen Strohhalmen für Vorder- und Rückseite je eine „Wurst" formen und mit Heißkleber auf den Rand der Körperform kleben, sodass die offenen Enden am Schwanz herausragen (vgl. Skizze auf dem Vorlagenbogen).
Kopf, Hals, Füße und Körper mit passenden „Strohkissen" aufpolstern, mit Heißkleber fixieren.
Faden zum Wickeln z. B. am Hals verknoten, dann beliebig viele Schichten Stroh auflegen und mit dem Faden kreuz und quer umschlingen (am besten zu zweit: einer hält die Gans und legt das Stroh auf, der andere wickelt den Faden straff herum).
Am Kopf einige Strohhalme zum Schnabel hin überstehen lassen.
Zum Schluss den Faden gut verknoten, Schnabel und Schwanz bzw. Flügelenden formen und mit Schere zurechtschneiden.
Augen aufkleben, Draht (bzw. Holzstab) vorsichtig von unten einstecken und Schleife um den Hals der Gans binden.
Zinkeimer unten mit Sand oder Kies füllen, Kürbisse darüber arrangieren und Gans einstecken.

TIPP: Wenn Ihnen Stroh zu grob und zu störrisch erscheint, können Sie die Gans auch aus Heu herstellen. Besonders edel wirkt es, wenn Sie am Ende die letzten Schichten mit dünnem Messingdraht umwickeln.

was raschelt im stroh?

Beschreibung
Seite 32

Windlicht

Abbildung Seite 29

- Windlicht, ø ca. 14 cm, ca. 17 cm hoch
- Zinkeimer, ca. 5 cm hoch
- Strohballen, ø ca. 7 cm, 6 cm hoch (Fertigteil)
- Kariertes Band in Orange-Weiß, ca. 0,5 cm breit, 40 cm lang
- Schwimmkerze in Orange
- Getreidekörner (z.B. Hafer)
- 2 Terrakotta-Gänse (Material und Anleitung siehe S. 25)

Arrangieren Sie die Teile gemäß der Abbildung im Windlicht.

was raschelt im stroh?

Abbildung Seite 30/31

Gänse

- TERRAKOTTA-TON (von Hobbidee®) in Weiß
- TERRAKOTTA-PEN (von Hobbidee®) in Schwarz und Orange (6 mm breit)
- Zwei Ausstech-Formen für Gänse, ca. 8 cm x 7 cm und 5 cm x 5 cm (alternativ: Ton mit Schablone ausschneiden, vgl. Vorlagenbogen)
- Wellholz
- Kunststoff-Brett
- Wasser
- Küchenmesser
- 2 Deko-Strohballen, ca. 20 cm x 10 cm und 12 cm x 5 cm
- 2 Zink-Eimer, ca. 13 bzw. 5 cm hoch
- Deko-Schubkarre, ca. 10 cm lang
- Deko-Rechen
- Universal-Bastelfarbe in Grün
- Pinsel
- 2 Strohbündel mit Sticker (Fertigteile)
- Mittelgroßer Kunststoff-Sack in Orange
- Rupfen, ca. 1 m x 1 m, oder Mehlsack

- Bast in Orange
- Kleine Zierkürbisse
- Haferkörner

Die Herstellung der Gänse können Sie auf Seite 25 nachlesen. Gänse bemalen, mit je einer Bastschleife verzieren und mit Heißkleber auf Strohballen setzen. Schubkarre mit grüner Farbe anmalen.
Etwas Bast um die Strohbündel wickeln, diese in Eimer stecken. Mehlsack oder Rupfen auf den Tisch legen, alle Teile darauf arrangieren.

Kürbis-Windlicht

Für das Kürbis-Windlicht schneiden Sie von einem kleinen Kürbis den Deckel ab, höhlen ihn aus und stellen ein Teelicht hinein.